# 授業上手に思わせる！

中村健一 著

# コツ&ネタ

## 厳選 79

JN109623

めあて早書き勝負！

書けた！

負けた！

くーやーしーいー！

じだんだっ!!

黎明書房

# はじめに

お久しぶりです。覚えていただけてますでしょうか？
「日本一のお笑い教師」こと，中村健一です。

コロナ禍で，こもってました。完全なる引きこもり。
当然，セミナーも，0（ゼロ）でした。
私の講座は，参加型，体験型，活動型ですからね。ズーム
などでは，絶対に無理。リモートでは，不可能です。

でも，今年の夏休み。やっとセミナーが復活しました。コ
ロナが5類になったお陰です。
で，逢いたい人に，逢えました。やっと，逢えました。
その中のお一人が，本書の出版社，黎明書房の武馬久仁裕
社長です。

久々にお逢いして，呑みました。
それなのに，盛り上がりました。大盛り上がり！　久々と
は思えないくらい，息がぴったりです。
「馬が合う」とは，こういうことを言うのでしょう。

そして，酔った勢いで，言ってしまいました。

　「黎明書房から，新刊を出します！」

と。正直，少々，後悔をしています。いや，かなりですね。

　でも，せっかくの機会なので，ペンを取っています。って，正確には，パソコンですけどね。

　まあ，「筆」でなく「ペン」と書いたところが，自分でも「ナウいじゃん」と思う，今日この頃です。

　夏休みの健康診断で，引っかかりました。肝臓ではなく，大腸がんの疑いです。

　ちなみに，肝臓で引っかかったことがありません。これだけ，お酒を呑んでいるのに！　奇跡ですよね。

　強い肝臓をくれた両親に，感謝です。お陰で，まだまだお酒が飲めます。

　でも，大腸で引っかかってしまっています。再検査の結果は，どうなんだろ？　まあ，大丈夫な気がしてますが……。

　いずれにせよ，私も，歳を取りました。残された時間は，無限ではないことが自覚できています。

　だから，私の教師としての財産を若手教師に遺したい！そんな思いがあるのも，事実です。

　でも，私は，シャイな性格。職場で嫌われたくはありません。だから，職場では，でしゃばらない。若手に何かを諭すこともありません。

　これが，私の生き方なのです。


　それなら，本に遺せばいい。こう考えました。

　若手教師に遺したいことは，たくさんあります。そこで，『携帯ブックス』のシリーズに続けて，『中村の遺言ブックス』を企画しているところです。

　まあ，これは，ウソ。相変わらず，適当に言っています。


　今回の本は，まずは，私の授業の技術や，ネタ。これらを，若手教師たちに遺したいと考えて作りました。


　この本を，歳は違えど馬が合う友人・武馬久仁裕氏，私のことを慕ってくれる若手教師たち，私の本のファン，特に『ブラック』ファンのみなさんに（笑）捧げます。


　　　大腸内視鏡検査におびえる 9 月 28 日

　　　　　　　　　　　　　　　　　　　　中 村 健 一


追伸・お尻から何か入れるって，痛いだろうなあ……。

# 目次

## 1 子どもが授業に乗りやすい 空気をつくる ──────9

## 2 授業はツカミに 命をかけよ！ ──────21

## 3 授業はちょっとした技術の積み重ねでできている —————— 33

## 4 子どもが乗ってくる仕掛けをせよ！ ──── 47

## 5 ミニネタで子どもを乗せる ——— 59

## 6 子どもを乗せるのは，やっぱりゲームでしょ ——— 71

## 7 テストで良い点を取らせて，授業上手と思わせろ！ ——— 83

# 子どもが授業に乗りやすい空気をつくる

　この本は，授業の技術（コツ）とネタを紹介する本です。

　しかし，実は，授業は，授業前に勝負がついていることが多い。

　そこで，あえて，授業とは関係のない「朝」のコツとネタから紹介します。教師は，朝イチから，教室の空気を支配しなければなりません。

　朝イチから，自分が授業しやすい空気に変えてしまいましょう。それが，私が若手教師たちに遺したい授業のコツとネタの第一歩です。

# 朝イチは，笑顔で迎える

**POINT**

　教師は，教室で，子どもを笑顔で迎えましょう。教師の笑顔は，子どもに安心感を与えます。安心感があるからこそ，子どもは授業に全力で取り組めるのです。

## すすめ方

① 　子どもたちの登校前。教師は，必ず教室にいる。

② 　子どもたちが，挨拶をして，教室に入ってくる。教師は，子どもたちを笑顔で迎える。

③ 　子どもたちのあいさつに，教師は大きな声であいさつを返す。良いあいさつをした子には，「感じがいい！」「最高のあいさつだ！」「気持ちいいね！」と，肯定的な言葉かけをする。

④ 　小さな声のあいさつや，あいさつをしない子は，スルー。朝から叱って，嫌な思いはさせない。

⑤ 　教師は，朝イチから，教室が温かい良い雰囲気になるように仕向けることが大切。

# 小さなあいさつ，大きなあいさつ

　どんよりと空気が重たい朝がありませんか？　重たい空気のままでは，良い授業はできません。重たい空気を吹き飛ばして，子どもたちを元気にしましょう。まずは，朝のあいさつからスタートです。

## すすめ方

①　子どもたち全員が揃って，朝のあいさつをする時。あいさつの声が小さかったら，教師はやり直しを命じる。

②　まずは，小さな声であいさつをするように言う。子どもたちは「おはようございます」と，蚊が鳴くような声で言う。

③　次に，中ぐらいの声であいさつをするように言う。子どもたちの声が，少し大きくなる。

④　最後に，大きな声であいさつをするように言う。すると，子どもたちは声を張り上げ，大きな声であいさつをする。

⑤　大きな声を出すことで，子どもたちは元気になる。そして，教室の空気も温まる。

# とりあえず, 拍手

POINT

　まずは, とにかく子どもたちに拍手をさせましょう。拍手の音が, 教室の空気を温めてくれます。

## すすめ方

① 　教師は「先生は, 拍手をすることが, 人生で2番目に大切だと思っています」と言う。

② 　子どもたちは「1番目は?」と聞いてくる。教師は「牛乳を噛んで飲むこと!　お腹壊すやろ!」とキレて言う。

③ 　教師は「人生で2番目に大切な拍手の練習をするよ」と言う。続けて,「拍手のポイントは, 強く!　細かく!　元気良く!　では, 拍手〜」と言い, 子どもたちに拍手をさせる。

④ 　教室に拍手の音が響く。そして, 教室の雰囲気が明るくなる。

⑤ 「強く!　細かく!　元気良く!」は, 子どもたちにも言わせ, 覚えさせる。そして, 拍手をする時には, 意識させる。

# 拍手で子どもを褒める

📌 POINT

　子どもたちの良い行動は，拍手をして褒めましょう。拍手の音で，教室の空気が温まります。と同時に，子どもたちの心も温かくなります。

## ✏️ すすめ方

① 　教師は「〇〇くん，立って」と言って，1人の子を立たせる。

② 　「今日の朝，〇〇くんが遠くから元気にあいさつをしてくれたんだ。先生，とってもいい気持ちになった」と，その子の良い行動を紹介する。

③ 　教師は，「素晴らしいあいさつができる〇〇くんに拍手～！」と言う。

④ 　教師とクラスみんなで，その子に盛大な拍手を贈る。

⑤ 　拍手を贈られた子は，うれしくなる。他の子も，友達が褒められ，温かい気持ちになる。

# 早口言葉は，我慢できない

✎POINT

　子どもたちは，早口言葉が，だ～い好き！　黒板に書いて
おくだけで，我慢できずに言ってしまいます。

## ✏ すすめ方

① 　教師は，朝，黒板に「野田だな，野田だな，野田なのだな」
　 などの早口言葉を１つ書いておく。

② 　何も言わなくても，子どもたちは早口言葉を言い始める。

③ 　友達と言い合う子もでる。うまく言えず，笑い合う子もでる。

④ 　早口言葉を言う声，
　 失敗して笑う声が教
　 室に響く。教室の空
　 気が温かくなる。

⑤ 　ネットで調べれば，
　 いくらでも早口言葉
　 が手に入る。その中
　 から，面白そうなも
　 のを１つ書いておく
　 だけでOK。

# この学校の合言葉が決まりました

POINT

　学校の合言葉とは，全く関係のない早口言葉。子どもたちは笑顔で早口言葉を練習します。

## すすめ方

① 　教師は，プリントを挟んだバインダーをもつ。そして，真面目な顔で「先生たちは，昨日，徹夜で会議をして，この学校の合言葉を決めました」と言う。

② 　子どもたちにも，真剣な表情，ピシッとした態度で聞かせる。

③ 　教師は「その合言葉は，……『生バナナ，生バナナ，生バナナ』です」と，黒板に書きながら発表する。子どもたちは，学校の合言葉とはほど遠い早口言葉に笑顔になる。

④ 　教師は，「全員，起立！」と言う。そして，「この学校の合言葉だから，言えるようにならないとね。10回言ったら座りなさい」と言って，子どもたちに練習させる。

⑤ 　早口言葉を言う声，失敗して笑う声が，教室の空気を温めてくれる。

# 早口言葉の発表会

✎POINT

　早口言葉を発表して，拍手で評価し合いましょう。早口言葉の音と，拍手の音。そして，笑い声の音。音のトリプル効果で，教室の空気が熱くなります。

## ✏ すすめ方

① 　子どもたちは，黒板に書いた早口言葉を練習する。

② 　教師が早口言葉を発表する列を指名する。

③ 　子どもたちは，前の席から順番に早口言葉を発表する。

④ 　他の子は，発表した子の早口言葉を拍手で評価する。とりあえず言えれば，小さな拍手。まあまあ上手なら，中ぐらいの拍手。完璧に言えたら，大きな拍手。

よし、完璧！

カイカン!!

パチパチ
パチ　パチ
（大きな拍手）

⑤ 　早口言葉を言う声，拍手，笑い声。これらの音が教室の空気を熱くする。上手く言えた時に起きる「お〜！」という声も雰囲気を良くする。

# ダラ～ッ, ピシッ!

## POINT

　どんよりと重たい朝は, 子どもたちの姿勢も悪いもの。中には机に伏せている子もいます。そんな時は, さらにダラ～ッとさせてみましょう。

## すすめ方

① 　子どもたちの姿勢が悪い時。教師は, 「ダラ～ッとしてごらん」と言う。子どもたちは, さらに姿勢を悪くし, ダラ～ッとする。教師は, 「もっとダラ～ッとして」と言う。子どもたちは, 机に伏せたり, 足を投げ出したりする。

② 　教師は, 「ピシッとする！」と言う。子どもたちは, 姿勢を良くして, 座り直す。

③ 　教師は再び, 「ダラ～ッとする」「もっとダラ～ッとする」と指示する。子どもたちは, 言われた通り, ダラ～ッとする。

④ 　「ピシッとする」「ダラ～ッとする」の指示をくり返す。子どもたちは, この切り替えを楽しみながらする。

⑤ 　「ピシッとする」の指示で, 子どもたちの姿勢が良くなったところで授業スタート。

# 驚く！ 子どもは，良い気分

POINT

　低学年の子などが，道端の花をプレゼントしてくれることがあります。そんな時は，驚いてあげましょう。子どもは，大喜びです。

## すすめ方

① 「はい，先生にプレゼント」と，子どもが道端に生えていた花をプレゼントしてくれることがある。

② そんな時は，「えっ！　先生にプレゼントしてくれるの！？」とオーバーに驚いてみせる。

③ さらに，「きれいな花だね！　お花のプレゼントなんて，10年以上ぶりだ。ありがとう！」と，お礼を言う。

④ 教師が驚いてお礼を言うと，子どもは嬉しくなる。そして，良い気分で1日をスタートできる。

⑤ 驚くと，わざとらしくならない。心の中で「あんまりうれしくないな」と思っていても，バレずにすむ。

# 黒板メッセージ

 POINT

　黒板に簡単なクイズを書いておきましょう。子どもたちは，興味津々。朝から頭を働かせて考えます。友達と相談する姿が見られるのもいいですね。

## すすめ方

① 教師は，朝，黒板にクイズの問題を1つ書いておく。たとえば，「ダジャレ川柳です。〇に入る言葉が分かるかな？　コンドルが　空を飛べずに　〇〇〇〇〇」。

② 子どもたちは，〇に何が入るのか頭をひねって考える。

③ 答えが分からない子は，友達に聞く。また，分かった子は，答えを友達に言いたくなる。おしゃべりが増え，教室の空気が温まる。

④ 朝のあいさつの後に，正解発表。例の答えは，「へこんどる」。答えが分かった子に拍手を贈る。

⑤ クイズの問題は，「今日は何の日？」がいい。365日，毎日，何かの記念日になっている。語呂合わせで決められた記念日がオススメ。「9月12日（クイズの日）」「5月29日（こんにゃくの日）」「5月9日（メイクの日，5月＝メイ）」など。

# 呼んでいるのは，誰？

　空気の重たい朝だけではありません。ザワザワと落ち着かない朝もあるはずです。そんな時は，音を消すネタで，教室の空気を落ち着かせましょう。

## ✏ すすめ方

① 　クジで解答者を１人選ぶ。解答者は，教室の前に出て，アイマスクをつける。

② 　教師は１人指名して，手を挙げさせる。その子が「〇〇くん」と解答者の名前を呼ぶ。誰が呼んだか当てれば，１点ゲット。次のステージに進む。

③ 　教師は２人指名して，手を挙げさせる。その２人が同時に「〇〇くん」と声を揃えて，解答者の名前を呼ぶ。誰が呼んだか当てれば，２点追加。さらに次のステージに進む。

④ 　３人同時，４人同時……と，呼ぶ子を増やしていく。呼んだ子を間違った時点で，終了。一番多く得点を取った子の名前と記録を黒板の隅に書いておくといい。

⑤ 　毎朝，１人ずつ挑戦させる。すると，教室は集中力のある，落ち着いた良い雰囲気になる。

# 2

# 授業はツカミに命をかけよ！

　子どもが，授業に乗ってくるかどうか？　授業の最初が，勝負です。

　最初に子どもたちを乗せてしまえば，後が楽。

　どんなことをしても，子どもたちは，意欲的に取り組みます。

　逆に，最初のツカミに失敗してしまうと大変です。

　子どもたちは，なかなか授業に乗ってきません。リカバリーは，至難のワザ。

　そこで，私は授業の最初，ツカミにこそ，全力を注ぎます。

　授業の最初に，子どもたちを乗せる。そして，その勢いだけで，つまらない授業をやりきってしまう。

　私の授業は，そんなイメージなのです。

# 授業は, チャイムと同時にスタート

POINT

　授業の始まりを知らせるチャイム。チャイムの音が鳴り始めたら，すぐに授業スタートです。授業の最初から，教師が主導権を握りましょう。

## すすめ方

① 授業が始まる1分前。教師は，教室の前に立っておく。

② 授業の始めを告げるチャイムが鳴り始める。最初の「キン♪」の音を聞いたら，教師はすぐに「日直！」と言う。

③ 日直は，号令をかける。

④ チャイムが鳴り終わる前に，号令が終わる。

⑤ チャイムが鳴り終わる前に，授業スタート。これを年間1000時間，全ての授業で行う。

# 声出し号令

 **POINT**

　子どもたちが声を出す号令をさせましょう。子どもたちは声を出すことで，元気になります。また，声を揃えて言うことで，集中力も高まります。

## すすめ方

① 　日直が「姿勢を正しましょう！」と言う。他の子は声を揃えて，「はい！」と返事をする。

② 　続けて，日直が「今から，○時間目の学習を始めます！」と言う。他の子は，「はい！」と返事をする。

③ 　さらに，日直が「がんばりましょう！」と言う。他の子は，「がんばりましょう！」と言う。

④ 　最後に，日直が「礼！」と言う。他の子は声を揃えて，「お願いします！」と言って，礼をする。ちなみに言葉が先で，礼が後。「語先後礼」は，最低限のマナーである。

⑤ 　号令は，５秒以内でする。声を揃えて，返事が２回，言葉が２回。子どもたちは，声を出して元気になる。また，声を揃えることで，スピード感のある集中した雰囲気で授業をスタートできる。

# 「書けた人？」

POINT

授業は，スタートが勝負です。日付と学習するページを書かせるだけでも，子どもたちを乗せることができます。

##  すすめ方

① 号令が終わったら，教師は，黒板にすぐ日付と学習するページを書く。

② 間髪を容れず，教師は「書けた人？」と聞く。

③ 書けている子は，得意顔で手を挙げる。手を挙げている子を，「すごい！」と褒める。

④ 子どもたちは，授業の最初，ノートを開き，下敷きを入れて待つようになる。

⑤ 速く書けるかどうか？実は，取りかかりが勝負。子どもたちの取りかかりを良くすれば，他のノート作業も速くなる。

# めあてを書くのは，
# 「先生と勝負！」

## POINT

　めあてを書くのは，「先生と勝負！」を「お約束」にしましょう。本気になって勝負を挑めば，子どもたちは教師に勝とうと，素速くめあてを書くようになります。

## すすめ方

① 　黒板に日付と学習するページを書いた後。教師は「勝負！」と言う。そして，一目散に，めあてを書き始める。

② 　子どもたちも，先生に負けないように，すぐにめあてを書き始める。

③ 　めあてを書く間，教師は黒板の方を向いたまま。書き終わったら，振り向いて，「書けた人？」と聞く。

④ 　手を挙げる子がいたら，「負けた！　く～や～し～い！」と，本気で悔しがってみせる。勝った子は，大喜び。

⑤ 　子どもたちは，飽きない。くり返し行えば，「お約束」になる。何も言わなくても，教師が振り向けば，書き終わった子が手を挙げて待っている。

# めあてのスピード一斉音読

## POINT

　めあては，クラス全員で声を揃えて読みましょう。声を出すことで，子どもたちは元気になります。スピードを速くして，声を揃えて読めば，効果バツグン。授業にテンポとリズムが生まれます。

---

##  すすめ方

① 「先生と勝負！」でめあてを書いた後。教師に勝てなくても速い子は，「中学生のスピードだ！」と褒める。

② 時間がかかる子は，待たない。8割ぐらいの子が書けたら，「ここまで合格！」と言う。そして，自分の書いためあてを見ながら，ゆっくり声を揃えて音読させる。

③ 教師は「正しく書けていた人？」と聞く。そして，手を挙げた子を褒める。

④ 教師は「次は，声を揃えて，猛スピードで言うよ」と言う。そして，教師が早口でお手本を見せる。

⑤ 子どもたちは猛スピードで声を揃えてめあてを読む。うまく声が揃えば，褒める。揃わなければ，やり直し。猛スピードで声を揃えて言えると，達成感と一体感が生まれる。

# ツカミは声を出すネタで

POINT

　授業は，声を出すネタでスタートしましょう。声を出すことで，子どもたちは元気になります。また，授業にリズムが生まれます。

## すすめ方

① 　たとえば，6年の歴史学習。授業の最初に「チャレンジ！　時代暗記テスト」をする「お約束」を作っておく。

② 　教師が「チャレンジ！」と言う。続けて子どもたちは「時代暗記テスト！」と拳を突き上げながら言う。

③ 　教師が黒板を叩きながら，「ワン，ツー，スリー，はい！」と言う。子どもたちは「縄文，弥生，古墳……」と15個の時代をリズムに乗って言う。ちなみに「安土桃山」はリズムを崩さないように「安土」と「桃山」に分けて言う。

④ 　武士の時代だけ大きく言わせても楽しい。

⑤ 　「チャレンジ！　暗記テスト」は，佐藤正寿氏のネタ。たくさんのネタを知っておくことが大切。

※上條晴夫監修・佐藤正寿編著『やる気と集中力を持続させる社会科の授業ミニネタ＆コツ101』（学事出版）参照

# オープン・ザ・○ページ

**POINT**

　指定されたページを開くだけのゲームです。もちろん，誰が勝つか？　分からない。勉強が得意な子も，苦手な子も，同じだけ勝つチャンスがあるのがいいですね。

## すすめ方

① 　教師は「今日学習する○ページを開きます。○ページをパッと開けた人が，優勝です」と，簡単にルール説明する。

② 　教師は「オープン・ザ・○ページ。○ページ，オープン，パッ！」と言う。

③ 　子どもたちは，目をつぶる。そして，教師の「パッ！」に合わせて，教科書を開く。パラパラめくらない。パッと開く。

④ 　子どもたちは，目を開けて，何ページを開いているか確認する。

⑤ 　見事に指定したページを開いていた子は，立つ。他の子は，「すご〜！」と歓声を上げる。何がすごいのかは分からない（笑）。でも，とりあえずすごいので，賞品の拍手をみんなで贈る。

# 授業の流れを示す

POINT

　授業で何をするのか？　授業の最初に明示しておきましょう。子どもたちは，流れが分かり，安心して授業に取り組めます。

## すすめ方

① 　教師は「今日の授業は，こんな流れでします」と，説明する。たとえば，外国語。「(1) あいさつ，(2) 歌，(3) スモールトーク，(4) 動物の食べ物クイズ〜〜」など。

② 　流れは黒板に書いておくといい。

③ 　「(1) あいさつ」が終わったら，消す。「(2) 歌」が終わったら，消す。すると，子どもたちは，後どれだけがんばれば，授業が終わるのかが分かる。

④ 　消さないで，今していることにマグネットを置いてもOK。すると，黒板に書いた流れを見ながら「ふり返り」を書くことができる。

⑤ 　子どもたちは，授業の全体像が見えているので，安心する。そして，安心して授業に集中することができる。

# 君たちに指令を出す

　教師は，「君たちに指令を出す」と，悪者キャラクターを演じます。悪の組織のボスのイメージです。子どもたちが大喜びする鉄板ネタですね。

##  すすめ方

① 　授業の最初，教師は「ガハハハハ！」と悪魔のように低い声で笑う。子どもたちは，何が始まるのか興味津々。

② 　教師は，悪の組織のボスのイメージで「君たちに指令を出す。今日の授業では，九九の八の段をマスターしたまえ！」と言う。

③ 　さらに，「このテープは，自動的に爆発することになっている。さらばだ！」と言う。そして，「ドカ～ン！」と爆発音を口で叫び，教卓の下に隠れる。

④ 　教師は教卓から出て，「あ～，怖かったね。悪の組織にさからうと大変なことになるから，今日は八の段をマスターしよう」と真面目な顔で言う。

⑤ 　子どもたちは「お～！」と叫び，やる気になる。

# 担任入れ替わり大作戦

POINT

　教師が別の教室に行って，授業をするネタです。とぼけ続けると，教室は大爆笑になります。

## すすめ方

① 　教師は，担任していないクラスに入っていく。子どもたちは「中村先生，どうしたの？」と聞いてくる。でも，一切相手にしない。

君たち，〇年生じゃないの？

② 　チャイムが鳴ったら，「日直，号令！」といつものように言う。

③ 　号令が終わったら，自分が担任している学年の授業を始める。子どもたちは，「僕たち，〇年生じゃない」などと言う。でも，知らんぷり。授業を進める。

④ 　どこかのタイミングで，「えっ！？　君たち〇年生じゃないの」と気づいたフリをする。

⑤ 　教師が「なんか，子どもたちが急に小さくなったから，おかしいとは思ってたんだ」と言う。子どもたちは，大爆笑。

# 教室かくれんぼ

POINT

　教室の空気が思いっきり重たい時に使う最終兵器。多発する技ではありません。学期に1回が限界です。でも，効果は抜群。教室に，笑顔があふれます。

## すすめ方

① 　授業の最後，教師は「次の時間の最初，かくれんぼをします。教室のどこかに隠れていてください。全員見つかったら，授業スタートです」と言う。

② 　危ない所には絶対に隠れないことを徹底しておく。

③ 　授業の最初のチャイムで，教師は教室に入る。子どもたちは隠れている。

④ 　教師は子どもたちを探す。見つけたら「○○ちゃん，みっけ！」と言う。見つかった子は，席に着く。

⑤ 　全員が見つかって席に着いたら，授業スタート。

# 授業はちょっとした技術の積み重ねでできている

　私は，技術を使って授業をしています。

　45分間の授業で，一体いくつの技術を使っているか分からない程です。

　しかも，その技術は，本当にちょっとしたこと。

　でも，その技術の積み重ねで，授業は面白くもなれば，つまらなくもなります。

　ちょっとした違いの積み重ねが，大きな違いになるのです。

　些細な技術こそ，宝。若手教師も，ちょっとした技術こそ，学ぶべきです。

# 発問したら，まず書かせる

**POINT**

　授業には，クラス全員を確実に参加させなければいけません。そのためには，発問したら，まず書かせることが大切です。1分という時間で，短くズバリと書かせましょう。

 **すすめ方**

① 授業中「この意見に賛成でしょうか？　反対でしょうか？」などと，教師が発問をする。

② 発問に続けて，教師は「賛成の人は，〇。反対の人は，×を書きなさい。短くズバリと理由も書きます。時間は，1分」と指示をする。

③ 子どもたちは，〇か×と，その理由を書く。

④ 1分後，教師は「全員，起立。隣の人に〇×と理由が書けているのを確認してもらったら，座りなさい」と指示する。

⑤ 書けていれば，褒める。書けていなければ，叱る。そして，必ず書かせる。こうやって，書くことを当たり前にしていく。

「全員書くを当たり前に」
書けた？
もち

34

# 挙手指名廃止！ 列指名で

**POINT**

　手を挙げた一部の子の発言だけで進む授業をよく見ます。こんな授業をしては，絶対にダメ。子どもは授業に参加しなくなります。挙手指名は，最悪の愚策。絶対にやめましょう。

## ✏ すすめ方

① 　前ページに書いたように，教師が発問したら，子どもに必ず書かせる。

② 　指示した時間が終わったら，教師は，割り箸クジ（割り箸に出席番号を書いたもの。53 ページ参照）から 1 本を引く。

③ 　クジで当たった子のいる列が，前から一人ずつ順番に発表していく。

④ 　子どもたちは，ノートに書いている意見を読み上げるだけ。書いてさえいれば，抵抗なく発言できる。

⑤ 　意図的指名も，もちろんOK。教師は，子どものノートを見ておく。そして，普通の意見→発想がすごい意見→誰もが納得のすごい意見，など演出を考えて発表順を決める。

# フォローを忘れない

POINT

授業は「フリ（教師の発問や指示）」「オチ（子どもの取り組み）」「フォロー（教師の評価）」でできています。教師が「フリ」をした以上は，必ず「フォロー」をしましょう。「フォロー」なしでは，子どもはやる気になりません。

 **すすめ方**

① たとえば，漢字ドリルをする時。教師は「ていねいに漢字を練習します。1ページできたら，持ってきなさい」と指示する。

② 漢字ドリルが終わった子から，教師の所に持ってくる。

③ ていねいに書いている子は，「すごくていねいに書けているね。すっごいきれい！」と褒める。

④ ていねいに書いていない子は，「ていねいに書けと言ったはずだ。サボるな！　やり直し！」と，やり直しを命じる。

⑤ ちなみに，私は，毎時間，全ての教科のノートを集めている。ていねいに書いていない子がいれば，もちろん，やり直しである。

# 立たせて，数を聞いていく

　子どもを立たせてから，「フォロー」しましょう。全員を確実に参加させ，抜けなく「フォロー」をすることができます。

 **すすめ方**

① 　たとえば，ふり返りを書かせる時。「今日の授業で分かったこと，気づいたこと，考えたことを箇条書きします。たくさん書けた人がエライ！　時間は，3分。3つ以上書ければ，合格です」と指示する。

② 　3分後，教師は，「全員，起立！」と言う。

③ 　教師は「0個の人，座る」「1個の人，座る」「2個の人，座る」と言う。3つ書けていない子は，叱る。そして，必ず書かせる。

④ 　さらに「ここから，合格。3個の人，座る」「4個の人，座る」と聞いていく。最後まで立っている一番多く書いた子は，大いに褒める。そして，クラスみんなで拍手を贈る。

⑤ 　算数で何問か問題を解いた時や，クイズを5問出した時なども，同じように聞くといい。

授業はちょっとした技術の積み重ねでできている

# 「くり返し」言わせる

POINT

　授業にテンポとリズムがあれば，子どもたちは乗ってくるもの。教師は少し早口で，テンポよく話しましょう。リズムを生むには，「くり返し」が一番。「くり返し」は，簡単に真似できて効果抜群の優れた技術です。

## すすめ方

① 　子どもたちと，教師が「はい」と言ったら「くり返す」という「お約束」をつくっておく。

② 　たとえば，俳句について説明する時。教師は，「今から俳句について学習します。俳句，はい」と言う。子どもたちは声を揃えて，「俳句」と言う。

③ 　次に「俳句は，五七五の十七音でできた，世界で一番短い詩です。五七五，はい」と言う。子どもたちは「五七五」と言う。

④ 　最後に「季節の言葉，季語を入れるのが約束です。季語，はい」と言う。子どもたちは「季語」と言う。

⑤ 　「顕微鏡の使い方を説明します。顕微鏡，はい」「分度器を出します。分度器，はい」など，いつでも使える。

# 「返事」をさせる

## POINT

　「返事」も「くり返し」と同じで，授業にリズムをつくる技術です。「返事」も「くり返し」も短いので，子どもたちは抵抗なく声が出せます。子どもたちが授業に飽きにくくなるのも，いい点ですね。

## すすめ方

① 　次の「お約束」をつくっておく。教師が顔の横に手のひらを見せたら，返事をする合図。「どうぞ」と，手のひらを前に差し出したら，子どもたちは「はい」と返事をする。

② 　たとえば，教師が話をする時。「今から，先生が話をします」「はい」と，「お約束」を使って返事をさせる。

③ 　さらに「先生の顔を見て，しっかり話を聞いてくださいね」「はい」と，返事をさせる。

④ 　このように，教師が一方的に話さない。話の途中に，何度も返事をさせる。

⑤ 　返事がリズムを生む。また，子どもたちは返事をすることで，教師の話に退屈しない。

お約束の合図

# 10回言ったら，座りなさい

**POINT**

　子どもたちは，ジッと黙って座っているのが苦手です。授業に立ったり座ったりの活動を入れましょう。子どもたちが授業に飽きにくくなります。

## ✏️ すすめ方

① 　たとえば，三角形の面積の公式を教えた時。教師は，「全員，起立！」と言って，子どもたちを立たせる。

② 　続けて，「『三角形の面積は，底辺×高さ÷2』と10回言ったら，座りなさい」と言う。

③ 　子どもたちは，口々に三角形の面積の公式を10回言う。言い終わったら，座る。

④ 　全員が座ったら，教師は，「三角形の面積の公式は？」と聞く。子どもたちは声を揃えて，「底辺×高さ÷2」と言う。

⑤ 　他の場面でも，覚えさせたい言葉が出てきたら，同じようにする。公式や重要語句などが，子どもたちに定着する。それと同時に，子どもたちが授業に退屈しない。

# 指示は，終わりを示す

## POINT

　「〇〇したら，××しなさい」と，終わったらどうするのか を明示しましょう。教師は，誰が終わって，誰が終わってい ないのか把握できます。

## すすめ方

① たとえば，板書を写させる時。「黒板を写し終わったら，鉛 筆を置きなさい」と，指示する。

② 子どもたちは，教師の指示に従って，板書を写す。

③ 鉛筆を置く子がでたら，教師は「〇〇くんが，もう鉛筆を 置いた。速い！　一番！」と褒める。

④ 「〇〇ちゃんが，2番！」「仕事が速いベスト9！」と，褒 めていく。すると，ゲームにな るので，子どもたちは速く書こ うとやる気になる。

⑤ 鉛筆を優しく転がして置く方 法を教えておいても，楽しい。 私のクラスでは，「ジェントルマ ン置き」と呼ばれ，人気がある。

# 10秒ペアトーク

POINT

授業中，ずっと黙って教師の話を聞くのは，キツいもの。おしゃべりを合法的に許しましょう。子どもたちのガス抜きができます。

## すすめ方

① たとえば，元寇の学習。教師は「どうして，元寇の後，将軍と御家人の関係は崩れたのでしょう？」と発問をする。

② 発問の後，「隣の人と10秒，相談しなさい」と，指示を加える。

③ 子どもたちは，隣の人とおしゃべりして，相談する。

④ 10秒後，列指名で意見を発表させる。せっかく相談したので，隣の人から聞いた意見を言ってもOK。

⑤ 自由に立ち歩いて，意見交換させてもいい。その場合は，時間を1分にする。

# 制限時間を示して，
# ゲームにする

## POINT

　指示をする時には，「○秒で××しなさい」と，制限時間を示しましょう。制限時間内にできたことを褒めれば，ゲームになります。

## すすめ方

① 　たとえば，班にする時。教師は「５秒で班にします」と指示する。

② 　教師は「５，４，３，２，１」と，カウントダウンする。

③ 　子どもたちは制限時間内に班にしようと，素速く動く。

④ 　教師は，「０！　班にできた人？」と聞く。制限時間に間に合って，手を挙げている班の子を褒める。拍手を贈ってもいい。

⑤ 　「教室の後ろに並びます。時間は，20秒」「荷物をランドセルに片付けます。時間は，２分」など，いろいろな場面で使える。子どもたちが少しがんばればクリアできる，適切な制限時間を設定することが大切。

# 細かく動かし，細かく褒める

　子どもたちへの指示は，1回に1つのことだけにします。すると，何をすればいいのか？　子どもたちに確実に伝わります。また，褒めるチャンスが多くなるのもいい点です。

##  すすめ方

① 教師は「全員，起立！　教科書〇ページを開いたら座ります」と言う。そして，速く座った子を褒める。

② 続けて，「ノートに①と書いたら，鉛筆を置きます」と言う。そして，速く鉛筆を置いた子を褒める。

③ さらに「①の問題を解いたら，持ってきます」と言う。そして，速く正解した子を褒める。

④ 1回の指示を1つにすれば，子どもたちは動きやすい。また，褒めるチャンスも増え，子どもたちはやる気になる。

⑤ 一度に複数の指示を出したい時もある。そんな時は「(1) 教科書〇ページを開く。(2) ノートに①と書く。(3) ①の問題を解く。(4) 持って来る」と，黒板に指示を書いておく。すると，子どもたちは黒板を見ながら動ける。

# 時計を見ろ！

## POINT

　研究授業で，終了時刻を延ばす教師がいます。そんな教師は，時計を見ていません。時計を見ないのに，時間を守れる訳ないですよね。まずは，時計を見ることから始めましょう。

## ✏ すすめ方

① 　教師は，授業中，時計を見る。とにかく何度も，時計を見る。

② 　時間を気にしながら，授業を進める。

③ 　授業の終了時刻10分前になったら，さらに時計を見る。ちらちら見る。

④ 　10分でできることは，多くない。逆算して，何ができるのかを考えて，授業をする。

⑤ 　終了時刻の1〜2分前に授業を終わる。子どもたちは授業が嫌い。そして，休み時間が好き。早めに授業を終わり続けると，教師の信頼はアップする。

# チャイムが鳴ったら，即，終了

　授業のキリが悪いところで，授業終了を告げるチャイムがなってしまう。こんな経験が誰にでもあるはずです。そんな時は，即，終了。子どもたちの信頼が上がります。また，時間を守ることの大切さが伝えられます。

 **すすめ方**

① 授業のキリが悪いところで，授業終了を告げるチャイムが鳴る。

② 教師は，「キリは悪いけど，チャイムが鳴ったから，授業終了！　休み時間！」と宣言する。

③ 子どもたちは，喜んで休み時間に入る。

④ 休み時間に授業を続けても，どうせ子どもたちは聞いていない。サッと止めてしまった方が得策。

⑤ パフォーマンスとして行っても有効。意図的に授業をキリの悪いようにする。そして，授業終了を宣言。子どもたちからの信頼がアップする。また，子どもたちに時間を守ることの大切さが伝えられる。

# 4

# 子どもが乗ってくる仕掛けをせよ！

　何の工夫もせずに，子どもたちは授業に乗ってはきません。やはり，子どもを乗せるためには，それなりの仕掛けが必要なのです。

　プロの教師なら，そんな仕掛けをたくさんもっていたいもの。本章では，子どもが思わず授業に乗ってくる，一流の仕掛けをいくつか紹介します。

　特に，勉強が苦手な子にも光を当てる。そんな仕掛けは必須ですね。

　もちろん，勉強が得意な子が輝く仕掛けを準備しましょう。さらに，そうでない子も輝ける仕掛けを準備しましょう。

　そうすれば，どの子も，あなたの授業に満足すること間違いなしです。

# この問題に何人正解する？

✎ POINT

　勉強が得意な子だけでなく，勉強が苦手な子にも光を当てるのが，良い授業です。「この問題に何人正解する？」は，勘だけが頼り。どの子も勝つ可能性アリです。

## ✏ すすめ方

① 　たとえば，算数の文章問題を解く時。まずは時間を決めて，一人ひとりに文章問題を解かせる。

② 　時間が来たら，全員，立たせる。そして，教師は「この文章問題に何人正解していると思いますか？　予想人数を隣の人に言ったら，座りなさい」と言う。

③ 　教師は，文章問題の解答を解説する。解説が終わったら，「この文章問題に正解した人，いばって起立！」と言う。

④ 　まずは，文章問題に正解した子に拍手を贈る。そして，教師は正解人数を数えて，座らせる。

⑤ 　教師は，「この文章問題に正解した人は，……〇人でした。予想が当たった人，起立！」と言う。子どもたちから「すごい！」と歓声が上がる。予想人数が当たった子は，得意顔。みんなで拍手を贈る。

# 「最後まで残った人が勝ち」のダブルルール

## POINT

「たくさん書いた人が優勝」というルールで勝つのは，頭の良い子です。「最後まで残った人が優勝」というルールを加えることで，意外な子に光を当てることができます。

## すすめ方

① たとえば，□に二画を加えた漢字を書くゲーム。教師は「1分間で，たくさん書けた人が優勝です」と言う。

② 子どもたちは優勝を目指して，「田」「兄」「旧」など，たくさん書く。

③ 1分後，書いた漢字の数を聞く。たくさん書いていた子が優勝。

④ 教師は，「実は，もう1つ，裏のルールがあるんだよ」と言う。そして，全員を起立させ，席順に書いた漢字を1つずつ発表させる。子どもたちは，自分の書いた漢字を全て言われたら，座っていく。

⑤ 最後まで立っていた子が優勝。数はたくさん書けなくても，「囚」など意外な漢字を書いている子が優勝できる。

# ジャンケンで勝った人が
# 先にする

POINT

　ジャンケンで順番を決めるだけ。子どもたちはジャンケン
が大好きなので，単純に盛り上がります。

## すすめ方

① 　たとえば，外国語活動で，好きな色を発表する時。２人組
でジャンケンさせる。そして，勝った人を立たせる。

② 　座っている人が「What color do you like ？」と質問する。
立っている人が「I like ～ .」と好きな色を答えられれば，座る。

③ 　次は，ジャンケ
ンに負けた人が立
つ。そして，②と
同じようにする。

④ 　他にも，いろい
ろな場面で使える。
班でジャンケンし
て，一番勝った人
がプリントを取り
に来るなど。

# 「クイズ」と言い張る

**POINT**

　子どもたちは，クイズが大好き。内容はテストでも，「クイズ」「クイズ大会」と言うだけで，「やった〜！」と盛り上がります。逆に「テスト」と言うと，「え〜！」と嫌がります。

## すすめ方

① 　授業の最後，教師は「今日学習したことから，5問出題して，クイズ大会をするよ！」と言う。明るいトーン，楽しい雰囲気で言うのがコツ。子どもたちは，「イエ〜イ！」と喜ぶ。

② 　教師は「第1問。ジャジャン♪　川の水の量を調整するためにつくられているのは？」など，問題を5問出す。

③ 　子どもたちはノートに答えを書いていく。

④ 　5問出題が終わったら，正解発表。教師は，「第1問の正解は，……ダム」などと発表していく。

⑤ 　正解した数を聞く。一番多く正解した子が優勝。優勝者を立たせ，賞品の拍手を贈る。

# クイズは「易→難」の演出で

POINT

クイズを何問か出題する時，適当に出してはいけません。
順番は，演出です。盛り上がる出題順を工夫しましょう。

## すすめ方

① 5問クイズを出す時，教師は出題順を考える。いろいろな
演出が考えられるが，「易→難（簡単から難しい）」が基本。

② 1問目は，ほぼ全員が正解する簡単な問題を出す。正解を
発表すると，子どもたちから「やった～！」と歓声が上がる。

③ 2問目，3問目，……と，徐々に難易度を上げていく。当然，
正解者は少なくなっていく。

④ 5問目は，数名しか正
解しない難しい問題にす
る。正解した子は，得意顔。
優越感を味わえる。

⑤ もちろん，最後に正解
数を聞くのを忘れない。
一番多く正解した子には，
拍手を贈る。

# 割り箸クジで指名

　割り箸の箸頭（先の逆）に出席番号を書くだけ。簡単に作れて，効果抜群。いろいろな場面で使える優れもののアイテムです。ここでは，指名での使い方を紹介します。

## ✏ すすめ方

① 　教師は，割り箸クジを作る。割り箸を割って，1本にする。クラスの人数分の割り箸の箸頭に出席番号を書くだけ。

② 　たとえば，授業中に指名する時。教師は，割り箸クジを1本引く。

③ 　教師だけが番号を見る。そして，「発表してもらうのは，……20番台」などと言う。すると，20番台の子は，「え～！」と反応する。他の子は，ホッとした表情を見せる。

④ 　教師が「2（にじゅう）……3番！」と発表すると，歓声が上がる。もちろん，23番の子に発表させる。

⑤ 　グループを作る時，席替えをする時などなど。割り箸クジは，いろいろな場面で使える。

# しりとりで指名

POINT

　名前のしりとりで指名しましょう。ちょっとした遊び心を
もった仕掛けが，授業を楽しくします。

## ✏ すすめ方

① 　教師は割り箸クジを引く。そして，
当たった子に教科書を音読させる。

② 　次に読む子は，名前のしりとりで
指名する。たとえば，「中村健一」
が読めば，次は「ち」で始まる名前
の子。「千葉真一」など。

③ 　しりとりに詰まったら，別の言葉
を挟む。「千葉真一→地図→鈴木一
郎」など。

④ 　社会科の教科書には，インタビューが載っていることがあ
る。同じ名字の人が読むことにしただけでも盛り上がる。

⑤ 　似ている顔の人が読む，将来市長になりそうな人が読むな
どなど。遊び心をもった仕掛けで，子どもたちを楽しませる
といい。

# 見ていた？
# ジャンケンチェ～ック！

POINT

　授業中，教師の顔や黒板を見ていない子がいます。そんな子を楽しく注意できるネタです。まぐれで勝つ子がいる。そんな遊びがあるのがいい点ですね。

## ✏ すすめ方

① 　教師は，黒板をコツコツ叩きながら，「この図を見てください」と言う。そして，図の前でチョキを出す。

② 　教師は，「全員，起立！　今から，先生とジャンケンします。先生は，今，図の前で出していたのを出すからね。ちゃんと図を見ていた人は勝てるよね」と言う。

③ 　教師と子どもたち全員がジャンケンする。勝った子は，座る。負けた子は，立ったまま。

④ 　座った子は「よく見ていたね」と褒める。立っている子は「見ていないから，勝てない。次はジャンケンに勝てるように，ちゃんと黒板を見なさい」と注意して，座らせる。

⑤ 　黒板を見ていなくても，まぐれで勝つ子がいる。そんな子はジャンケンに勝って，ホッとした表情を見せる。そんな「遊び」があるのが楽しい。

# 姿勢のいい列から配る

 **POINT**

　姿勢のいい列から，テストを配ります。子どもたちは，早くテストがもらいたいもの。教師が何も言わなくても，姿勢良く座ります。

## ✏️ すすめ方

① 　たとえば，テストを配る時。教師は，机の上に筆箱以外の物が出ていないか見る。そして，筆箱だけが出ている列にテストを配る。子どもたちは，いらない物を片付けるように注意し合う。

② 　次に，教師は，どの列がおしゃべりをしていないか見る。そして，全員が黙っている列にテストを配る。子どもたちは，おしゃべりを止める。お互いに注意する姿も見られる。

③ 　さらに，教師は，どの列が姿勢が良いか見る。そして，一番姿勢の良い列にプリントを配る。

④ 　子どもたちは，いらない物を片付け，黙って，姿勢良く座る。教師が何も言わなくても，子どもたちが勝手にする。

⑤ 　もちろん，テスト以外でもOK，プリントなどを配る時にも使える仕掛けである。

# 空白の時間を作らない①
# 「勝利の読書」

POINT

　何をしていいのか分からない「空白の時間」を作っては，絶対にダメ。子どもたちはザワザワし，学級は荒れていきます。「空白の時間」は，学級崩壊に直結します。

 **すすめ方**

① 　たとえば，算数で復習のページをする時。教師は黒板に「(1) ①をする→持ってくる。合格。(2) ②をする→持ってくる。合格……」などと書いておく。

② 　全ての問題が終わったら，「勝利の読書」をするように書いておく。たとえば，「(6) 勝利の読書」など。

③ 　子どもたちは黒板を見て，順番に問題を解いて持ってくる。そして，全ての問題が終わった子は，読書をして待つ。

④ 　「勝利の読書」をさせるために，机の中に常に1冊は本を入れておかせる。

⑤ 　「勝利の」とある以上，子どもたちにとってご褒美にならないとダメ。教室に子どもたちの好きなマンガを置いておくといい。子どもたちは「勝利の読書」を目指して，早く問題を解こうとがんばる。

# 空白の時間を作らない②
# 「小さな先生」

　早く課題を終えた子は，「小さな先生」にして，友達に教えさせましょう。子どもたちは教えるのが大好き！　喜んで早く先生になろうとします。

 **すすめ方**

① 　前のページのように，教師は黒板に子どもたちがすることを書く。

② 　最後の指示は，「勝利の読書」ではなく，「教える！」にする。

③ 　全ての問題を解き終わり，合格した子は，「小さな先生」になる。

④ 　問題の解き方が分からない子は，手を挙げる。すると，「小さな先生」が駆けつけて，教えてくれる。問題が解けずに困っていた子も，一安心。

⑤ 　「小さな先生」になった子にも，メリットがある。友達に教えることで，学習内容がさらに定着する。

# ミニネタで
# 子どもを乗せる

「材料七分に腕三分」料理の世界の言葉です。

たしかに，最上級のトロがあれば，誰が料理してもおいしいでしょう。料理は，材料が命なのです。

この言葉を教育界に広めたのは，故・有田和正氏（社会科教育の大家）。授業も，良い教材があれば，腕は三分ですむということです。でも，逆に言えば，腕が三分は必要ということ。

その三分を0分にしてしまうのが，ミニネタです。

優れたミニネタがあれば，腕，技術は全くいりません。それこそ，新採1年目の教師でも，子どもたちを楽しませることができる。

そんなミニネタを本章で紹介していきます。

# 君たちは見たことない と思いますけど……

「君たちは見たことないと思いますけど……」と，教師が言うだけ。「知ってるよ！」と，子どもたちが思わずツッコミたくなる，驚異の話術です。

## すすめ方

① たとえば，赤鉛筆を使う時。教師は，「君たちは知らないと思いますけど……」と，話をフる。

② 続けて，「赤鉛筆っていう，文房具があるんですよ」と言う。子どもたちは，笑顔になる。そして，「知ってるよ！」と，自然にツッコミが起きる。

③ さらに，「赤鉛筆っていうのはね。ノートにこすりつけるだけで，赤い線が引けるっていう魔法のような道具なんですよ」と言う。子どもたちは，さらにツッコむ。

④ 「君たちは食べたことないと思いますけど，カレーライスっていう食べ物があるんですよ」「君たちは聞いたことないと思いますけど，犬はワンって鳴くんですよ」などなど。いつでも，どこでも，どんな場面でも使える。

# 貴様！ エスパーだな！

POINT

　子どもたちは「エスパー」という言葉が好きなようです。
答えを先に言ってしまった子は，「貴様！　エスパーだな！」
と注意しましょう。教室に笑いが起きます。

## すすめ方

① 　たとえば，教師が問題を言
い終わる前。先に答えを言っ
てしまった子がいた時。

② 　教師は，左手の手のひらを
右手のグーで叩きながら「は
は〜ん。分かった」と言う。

③ 　そして，答えを言った子を指さしながら，「貴様！　エス
パーだな！」と叫ぶ。子どもたちは，大笑い。

④ 　エスパーテストをしても楽しい。教師が「先生が３桁の
数字を思い浮かべるから，当ててみて」と言う。その子は，
「362」と適当な数字を言う。教師が「……正解！　怖っ！」
と言うと，教室は大爆笑。もちろん，その子がどんな数字を
言っても「正解！」と言う。

# 教科書を逆さに読む

POINT

教師が教科書を逆さに持って読むだけ。超定番のネタですが，子どもたちは大喜びします。

## すすめ方

① 教師が教科書を読む時。教科書をわざと逆さに持つ。

② そして，「にいかをろくぶてちきんなみいに」と逆から読む。

③ 子どもたちは「先生，逆さ！ 逆さ！」とツッコむ。くり返すと，定番のツッコミになる。「8時だョ！ 全員集合」の「志村，後ろ！ 後ろ！」のイメージ。

④ 教師は，「どうりで読みにくいと思ったんだ」とボケる。教室は，さらに大爆笑。

⑤ 子どもたちにさせても楽しい。教科書を逆さに持って，逆さに読む「逆さ読み選手権」をする。上手に読めた子が優勝。

# 黒板を叩きながら, 泣く

**POINT**

「先生, その漢字, 違います」子どもから間違いを指摘されることはありませんか？　そんな時は, 泣きましょう。

## すすめ方

① 教師が黒板に間違った漢字を書く。すると,「先生, その漢字, 違います」と, すぐに指摘する子がいる。

② 教師は, 黒板の方を向く。そして, 黒板を叩きながら, 泣いて見せる。

③ 「そんな言わんでも……絶対, お母ちゃんに言ってやる」など, 子どもに聞こえるように泣き言も言う。子どもたちは, 大爆笑。

④ 教師は, 泣きながら間違った字を直す。そして, 何事もなかったように前を向いて, 授業を再開する。

# ファイナルアンサー？

「ファイナルアンサー？」と聞かれると，子どもたちは不安
になるもの。「正解！」と言われると安心し，とびきりの笑顔
を見せます。

## ✏ すすめ方

① 教師の「赤色のリトマス紙を青色に変えるのは？」という
質問に対し，子どもが「アルカリ性」と答える。

② 教師は，「ファイナルアンサー？」と聞く。怒ったような顔
をするのがコツ。

③ 子どもたちは「間違って
いるかも」と不安になる。

④ 教師は，間を開けて「……
正解！」と言う。間の間は，
怒った顔。「正解！」で，と
びきりの笑顔に変える。

⑤ 正解を告げられた子ども
は，ほっとする。そして，
最高の笑顔を見せる。

# スローモーション, 早送り

　教師がリモコンを使って，子どもたちのスピードを操ります。子どもたちは，笑顔でスローモーションや早送りを楽しみます。

## すすめ方

① 　たとえば，全員起立させた時。子どもたちの動きが遅ければ，教師は「遅い！　やり直し！」と言う。そして，子どもたちを座らせる。

② 　教師は，リモコンを持って，「次は早送りするよ」と言う。そして，「全員起立！」と，ものすごい早口で言う。すると，子どもたちは，素速く立つ。

③ 　教師は，リモコンを持って，「次は，スローモーションでいくよ」と言う。そして，「ぜ～んい～ん，す～わ～る～」と言う。スローモーションの映像が流れる時のような，ゆっくり低く，こもった声で言うとグッド。

④ 　子どもたちは，笑顔でゆっくりと時間をかけて座る。

⑤ 　「コマ送り」も楽しい。子どもたちは，ロボットのように動く。

# ○×ポーズ

POINT

　○か×か，二択で答えられる問題を用意しましょう。○×ポーズで答えさせれば，クラス全員を確実に参加させることができます。

## すすめ方

① 教師は「藤原道長は，中臣鎌足の子孫である。○か？　×か？」と二択で答えられる問題を用意する。

② 続けて，「○×ポーズで答えます。せーの！」と言う。

③ 子どもたちは，教師の「せーの！」に合わせて，○か×のポーズをする。

④ ○×ポーズをしない子は，絶対に許さない。デタラメでいいので，必ずどちらかのポーズをするように言う。授業には，クラス全員，一人残らず参加させなければならない。

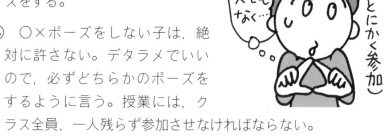

⑤ 教師は，「正解は，……○！」と発表する。正解の○を出している子から「やった〜！」と歓声が上がる。

# 三択クイズ

POINT

　クイズには，選択肢を設けましょう。選択肢をつくれば，どの子も参加できます。選択肢をつくることは，全員参加のための大事な技術なのです。

## すすめ方

① 　たとえば，クイズを出す時。教師は，「ヨルダンの首都はどこでしょう？」と問題を出す。続けて「①ニクマン　②アンマン　③カレーマン」と三択の選択肢を示す。

② 　子どもたちは，正解だと思う番号を指で出す。

③ 　指を出させたまま，正解発表。教師が「正解は，……②のアンマン」と発表すると，歓声が上がる。

④ 　正解の②を出していた子に手を挙げさせる。そして，賞品の拍手をみんなで贈る。

⑤ 　「鎌倉幕府をつくった人は？　①源頼朝　②源義経　③源しずか」のように，明らかな間違いのボケ答えを③にするといい。実質二択になって，正解しやすくなる。

# いろんな空書き

**POINT**

空書きは，指だけでするものではありません。足，頭など，いろいろなところを使ってさせましょう。

## すすめ方

① 漢字の筆順を練習する時。子どもたちは，まずは，利き腕を挙げる。

② 教師は「イチ，ニー，サン……」など言いながら，黒板に漢字を書く。子どもたちも，人差し指で空書きをする。

③ 次は「足を挙げて。今度は，足で空書きをするよ」と教師が言う。すると，子どもたちは笑顔になる。そして，楽しそうに，足で空書きをする。

④ 頭，口，目玉などでも空書きする。子どもたちは大喜び。

⑤ 同じ漢字を何度も空書きすると，飽きる。しかし，いろんな部分ですると，飽きない。楽しく変化をつけながら，くり返し空書きすることができる。

腰で

イチニー
サンシ…

# 宿題なし券

## POINT

　賞品が拍手だけでは物足りない。そんな時は，「宿題なし券」がオススメです。子どもたちは，「宿題なし券」がほしくて，がんばります。

## すすめ方

① 　たとえば，スピーチコンテストをする時。教師は「優勝者には，豪華賞品！『宿題なし券』をプレゼントします！」と宣言する。

② 　子どもたちは，「宿題なし券」がほしいもの。がんばってスピーチ原稿を書く。がんばって大きな声でスピーチをする。

③ 　「宿題なし券」は，漢字１日分か，自主勉強１日分が免除される券である。やってもらわないと困る計算ドリルなどには使えないことにする。

④ 　逆に，忘れ物をしたら，宿題が倍になるというルールもいい。たとえば，忘れ物をしたら，漢字の宿題を倍にする。

⑤ 　宿題は，子どもにとって一大事。宿題を使って，子どもたちを上手くコントロールしたい。

# 鼻丸

POINT

　丸，二重丸，三重丸，花丸で，評価しましょう。子どもたちは花丸がほしくて，がんばります。花丸より上の評価の「鼻丸」も，子どもたちに人気のネタです。

## ✏ すすめ方

① 　たとえば，書写ノートをする時。子どもたちは，1ページ終わったら，教師の所に持って来る。

② 　教師は，合格だったら，丸をする。すごく丁寧だったら，二重丸。きれいだったら，三重丸。素晴らしかったら，花丸をする。もちろん，雑に書いていれば，やり直し。

③ 　子どもたちは花丸がほしくて，丁寧にきれいに字を書く。

④ 　さらにすごい子には，「鼻丸」をつける。多発しては，ダメ。レアな感じにしておいた方が，価値が高まる。

⑤ 　「鼻丸」は，お笑い教師向け。キャラに合わせて，スペシャルな花丸を用意するといい。花丸を5つ描く，茎をつける，チョウチョを飛ばす，動物にするなど，いろいろ工夫できる。

激レア「鼻丸」

# 6

# 子どもを乗せるのは，やっぱりゲームでしょ

　子どもたちは，ゲームが大好き！　ゲームを利用しない手はありません。

　たくさんゲームを知っていることは，教師の大きな武器になります。

　拙著『クラスを「つなげる」ミニゲーム集ＢＥＳＴ 55＋α＆おまけの小ネタ 10』（黎明書房）などで，たくさんのゲームを手に入れておきましょう。

　授業にも，ゲームを取り入れるといい。子どもたちは確実に授業に乗ってきます。

　子どもたちががんばって，授業が早く終わったら……。そんな時にも，ゲームです。子どもたちはゲームがしたくて，授業に集中してがんばるようになります。

　ゲームは，子どもを授業に乗せる，優れたアイテムですね。

# ゲームの前の「お約束」

　どんなに楽しいゲームでも，雰囲気が悪いと盛り上がりません。そこで，ゲームの前に「お約束」です。「お約束」で楽しい雰囲気をつくりましょう。

 **すすめ方**

① 　たとえば，古今東西ゲームをする時。教師は，「古今東西ゲーム！」と叫ぶ。

② 　続けて，「イエ〜イ！」と言う。両手をグーにして合わせ，親指を立てる。「イエ〜イ！」と同時に，右足を前に出しながら，両手も前に出す。

③ 　子どもたちも，教師と一緒に「イエ〜イ！」と言う。ポーズも同じようにする。

④ 　「2ケツしりとり！　イエ〜イ！」「億万長者ゲーム！　イエ〜イ！」など，どのゲーム前も同じようにする。ゲーム前の「お約束」にしてしまう。

⑤ 　「お約束」の声とポーズで，楽しい雰囲気になる。子どもたちも楽しい雰囲気の中，ノリノリでゲームを楽しむ。

# どこまで聞こえる音読「男子VS女子」

## POINT

　一斉音読がどこまで聞こえるか？　教師が教室を飛び出して調べます。男子 VS 女子にすると，大盛り上がり。子どもたちは，全力で大声を出します。

## すすめ方

① 　たとえば，国語の物語文を一斉音読する時。教師は「君たちの音読の声は，すごい！　どこまで聞こえるか？　調べてくるね」と言う。そして，教室を出る。

② 　子どもたちは，教師が教室を飛び出した後も，一斉音読を続ける。

③ 　教師は，一斉音読がどこまで聞こえているか？　調べる。そして，教室に戻る。

④ 　「君たちの素晴らしい音読が６年２組の教室まで聞こえていたよ！」と，教師は結果を報告する。子どもたちは，大喜び。

⑤ 　男子 VS 女子にして，どこまで聞こえるか？　勝負させるといい。お互いライバルに勝とうと，さらに大声で一斉音読する。

# 暗唱テスト

**POINT**

　子どもたちにとって，暗唱はゲームです。教科書に載っている「まとめ」など，覚えさせてしまいましょう。

## すすめ方

① 　たとえば，2年生の算数「かけ算では，かけられる数とかける数を入れかえても，答えは同じです。」という「まとめ」。教師は「1分間で，『まとめ』を全部覚えてください。テストをします」と言う。

② 　子どもたちは，1分間で「まとめ」の言葉を覚える。

③ 　隣の席の子とジャンケンする。勝った子が立つ。そして，立っている子が暗唱テストを受ける。すらすら言えたら，OK。詰まったり，間違ったりしたら，アウト。座る。

④ 　すらすら言えて，立っている子に拍手を贈る。みんなの前で暗唱を披露してもらってもいい。

⑤ 　次は，ジャンケンで負けた子が挑戦。勝った子と同じようにする。

# ○○相撲

---

**POINT**

　早く言えた方が勝ちというシンプルなゲームです。シンプルなだけに，いろいろな場面で使えます。

## すすめ方

① 　子どもたちは，3人組を作る。ジャンケンをして，審判を1人選ぶ。そして，審判を挟んで，2人が向かい合って立つ。

② 　審判は「はっきよい」と言う。続けて，「八六（ハチロク）」と問題を出す。教師が全員に共通の問題を出してもいい。

③ 　「48！」と先に正解を言った方が勝ち。審判は，勝者の手を挙げる。

④ 　5問出題して，どっちがたくさん勝てるか勝負する。

⑤ 　面積の公式，歴史上の人物の名前，県名，英単語などなど。いろいろな場面で使うことができる。

# 筆順ダービー

正しい筆順を覚えているかどうか？　全員起立して，勝負です。筆順を確認したい時に使えるゲームです。

 **すすめ方**

① クラス全員が立つ。

② 教師は「登」などの漢字を1つ黒板に大きく書く。子どもたちには筆順が見えないようにする。

③ 教師が「一画目。せーの」と言う。子どもたちは，字を書く方の手を上に挙げ，一画目を書く。

④ 黒板に書いてある漢字の一画目を教師は赤でなぞる。正解した子は，立ったまま。間違えた子は，座る。

⑤ 2画目，3画目，……12画目と，③④をくり返す。最後まで立っている筆順の正しい子が優勝。

# 隠し言葉当てゲーム

## POINT

「イエス」「ノー」で答えられる質問をして，隠された言葉を当てるゲームです。質問する力や，論理的に考える力が身につきます。

## すすめ方

① 「教室にある物」など，お題を１つ決める。そして，教師はホワイトボードにお題に合った言葉を１つ書く。たとえば，「チョーク」。子どもたちには見えないようにする。

② 子どもたちは，手を挙げて，質問する。「先生が使う物ですか？」「毎日使いますか？」「ランドセルに入っていますか？」など。質問は，「イエス」「ノー」で答えられるものに限る。

③ 子どもたちは，「これだ！」と思ったら，ズバリ質問する。「それは，チョークですか？」など。

④ 隠し言葉が当てられたら，教師は，ホワイトボードを見せながら，「イエス！」と言う。

⑤ ２分以内に隠し言葉を当てたら，子どもたちの勝ち。

# 班対抗・5音限定しりとり

**POINT**

　5音の言葉だけでつないでいく，しりとりです。5音の言葉を思いつけば，誰でも言いたくなるもの。日頃は口数の少ない子が，班の救世主になることも多いゲームです。

## ✏️ すすめ方

① 　机を班の形にする。そして，全員，立つ。

② 　1班から順番に5音の言葉でしりとりを続けていく。たとえば，1班が「ストライク」と言って，スタート。

③ 　2班は，「く」で始まる5音の言葉を考える。「草刈り機」など，思いついたら言う。班の誰が言っても良い。

④ 　教師は「5，4，3，2，1，アウト」とカウントダウンする。5秒以内に言えない班は，アウト。座っていく。最後まで立っていた班が優勝。

⑤ 　5音の言葉を思いつけば，言いたくなる。目立たない子が班を救い，「〇〇！　ありがとう！」と感謝されることも多い。

# つなげるしりとり

**POINT**

　たとえば，「たまご→ひよこ」をしりとりでつなぎます。「たまご→ごま→マントヒヒ→ひよこ」と一番最初につなげた子が優勝です。

## ✏️ すすめ方

① 　教師は黒板に「ひよこ→にわとり」と書く。そして，「『ひよこ』と『にわとり』をつなげるしりとりを最初に思いついた人が優勝です」と言う。

② 　子どもたちは，頭をひねって，「ひよこ」と「にわとり」をつなぐしりとりを考える。

③ 　思いついた子は，「整いました！」と言って，立つ。そして，「ひよこ→こしょう→うに→にわとり」としりとりを発表する。

④ 　「ひよこ→コンビニ→にわとり」と一発でつなぐアイディアも出る。子どもたちから「すごい！」と歓声が上がる。

⑤ 　「にわとり→ケンタッキー」「東京→大阪」「子ども→大人」など，問題は無限に作れる。

# 都道府県名しりとり

6
09

## POINT

　都道府県名だけを使って，しりとりを続けます。一番長く続く組み合わせを考えた人が優勝です。2人組や班ですると，知恵を出し合って相談する姿が見られます。

## すすめ方

① 　子どもたちは2人組になる。相談して，都道府県名だけで，しりとりをつなげていく。制限時間は，3分。

② 　3分後。いくつの都道府県をつなげたか聞く。

③ 　一番長く続く組み合わせを考えた2人組が優勝。

④ 　優勝した2人組に発表させる。「福井・茨城・京都・栃木・岐阜・福岡・香川・和歌山」と8つなげるペアも出る。子どもたちは驚く。（長く続けるペアは，京都を使っていることが多い）

⑤ 　子どもたちは，さらに長くつなげたくなる。自主学習で，都道府県しりとりをする子も多く出る。

# 消しゴムかくれんぼ

POINT

　自分の代わりに，消しゴムでかくれんぼをします。子ども
たちに人気ナンバー1の鉄板ゲームです。子どもたちががん
ばって，授業が5分早く終わった時にどうぞ。

## すすめ方

① 　クジで5人オニを選ぶ。オニは廊下に出る。

② 　子どもたちは，1分間で，消しゴム（必ず名前を書かせてお
く）を教室のどこかに隠す。「引き出しの中はダメ」など，開
けさせたくない所はハッキリと禁止する。

③ 　1分後，オニ以外の子は，立つ。オニは教室に入る。そして，
消しゴムを探す。

④ 　消しゴムを見つけたら，オニは「○○ちゃん，見っけ！」
と言う。そして，その子に消しゴムを返す。見つかった子は，
座る。

⑤ 　3分間見つからなければ，見事に逃げ切り。立っている子
に拍手を贈る。

# 天空ジャンケン10回勝負

POINT —————————————————

半地下から天空の住人を目指しましょう。ジャンケンを 10
回した時点で，一番高い所にいる子が優勝です。

 **すすめ方**

① 子どもたちは，全員イスの下に潜る。全員，半地下からス
タート。

② 教師とクラス全員がジャンケンする。「最初は，グー。ジャ
ンケン，パー！」などと，教師は何を出したかを言う。半地
下の子にも，何を出したのか分かるようにするため。

③ ジャンケンに勝ったら，イスに座る。さらに勝てば，立つ。
「イスの下→イスに座る→立つ→イスの上に立つ→机の上に立
つ」と，勝てば半地下から天空に上がっていける。

④ 勝ったら，１つ上に上がる。負けたら，１つ下に下がる。
あいこは，そのまま。机の上にいる場合は，勝ってもそのまま。
イスの下にいる場合は，負けてもそのまま。

⑤ 10回ジャンケンをした時点で終了。その時，一番高い所に
いる子が優勝。

# テストで良い点を取らせて，授業上手と思わせろ！

　コミュニケーション能力を高める授業，思考力を育てる授業，主体的・対話的で深い学びのある授業......どんなに素晴らしい授業をしても，保護者には分かりません。

　保護者に分かるのは，漢字を覚えているか？　計算ができているか？　それだけなのです。

　さらに，気になるのは，我が子のテストの点。

　テストの点が良ければ，先生の授業は良いと判断します。

　テストの点が悪ければ，「この先生の授業，大丈夫？」と不安になります。そして，不信につながります。

　テストの点を良くして，授業が上手だと思わせましょう。

　テストの点を上げるのは，実は，簡単。

　あの手この手を尽くせば，あなたのクラスの平均点は，グッと上がります。

# テストの点を上げて，保護者と子どもの信頼を勝ち取れ！

## POINT

　我が子のテストの点が良ければ，保護者は先生の授業は良いと判断します。子どもたちも同じですね。テストの点が上がれば，先生は授業が上手いと思います。テストの点を上げて，保護者と子どもの信頼を勝ち取りましょう。

## すすめ方

① 　テストで良い点を取れば，子どもはうれしいもの。笑顔で保護者にテストを見せる。

② 　保護者は，子どもの笑顔を見て，嬉しくなる。また，テストの点が良ければ，安心する。そして，子どもたちに分かりやすい，良い授業をする先生だと判断する。

③ 　「中村先生になって，テストの点が良くなった」という印象を保護者が持つようになれば，最高。保護者の教師に対する信頼は増す。

④ 　子どもたちも，テストの点が良くなると自信が持てる。授業が好きになり，意欲的に取り組むようになる。また，「中村先生の授業は分かりやすい」という印象を持つ。

# 先にテストを見ておく

POINT

　新しい単元に入る前に，テストを見ておきましょう。そして，そのテストで良い点を取らせるためには，どんな授業をすればいいのか？　考えます。テストを見ておくことは，立派な教材研究ですね。

## すすめ方

① 新しい単元に入る前。教師は，必ずテストを見ておく。

② テストを見て，良い点を取らせるためには，どんな授業をすればいいのか？　考える。

③ これができなければ，テストで良い点は取れないという基本的な問題は，徹底的に教える。くり返しくり返し練習させて，確実に全員ができるようにする。

④ テストに出ている重要語句も，くり返し確認する。全員が確実に覚えるまで，しつこくミニテストもする。

⑤ あの手この手を尽くせば，子どもたちにテストで良い点を取らせることができる。

# 03

# テストに出ている問題は，毎回ミニテスト

テストに出ている問題は，毎時間の授業で，ミニテストしましょう。毎時間くり返せば，さすがに子どもたちも覚えます。

## ✏️ すすめ方

① たとえば，5年生の社会科。覚えないといけない，平野や川などの名前は多い。

② そこで，毎時間テストする。短時間で行える5問ぐらいのミニテストがいい。

③ テストに出ている「濃尾平野」と「信濃川」は，毎回ミニテストに入れる。

④ くり返しミニテストをすれば，さすがに子どもたちも覚える。

⑤ 本番のテストで「濃尾平野」と「信濃川」は，全員正解することができる。

# 「これ，テストに出ます」

## POINT

テストに出ている重要語句を教える時。教師は「これ，テストに出ます」と言います。子どもたちは，テストで良い点が取りたいもの。一生懸命，その語句を覚えようとします。

## すすめ方

① たとえば，6年生の社会科。教師はテストを見て，出題されている重要語句を調べておく。

② たとえば，「執権」という語句が出題されている場合。授業中「執権」が出てきたら，「これ，テストに出ます」と言う。

③ 子どもたちは，ノートに赤でその言葉を書く。星印などをつけて，目立つようにしてもいい。

④ 教師は「全員，起立！『執権』と10回言ったら，座りなさい」と言う。子どもたちは10回言って座る。

⑤ 教師は「テストに出ている最重要語句は？」と聞く。子どもたちは声を揃えて，「執権！」と言う。

# 早押しピンポン大会で「お稽古」する

POINT

　「スーパー早押しピンポンブー」というグッズがあります。テストの直前，このグッズを使って，早押しピンポン大会をしましょう。早押しクイズでテストに出ている問題を確認すれば，確実にテストの点が上がります。

## ✏️ すすめ方

① 　テストの直前，班対抗早押しピンポン大会をする。教師は，テストに出ている問題を見て，クイズを作る。

② 　教師は，「第１問，ジャジャン♪　今からテストに出そうな所からの出題です」と言う。続けて，「振り子が往復する時間を変えるのは？」と問題を出す。

③ 　子どもたちは，早押しでクイズに答える。「振り子の長さ」と答えた正解者には，もちろん，拍手を贈る。

④ 　教師は「振り子が往復する時間を変えるのは？」ともう一度問題を読む。子どもたち全員が「振り子の長さ」と声を揃えて言う，

⑤ 　テスト直前に確認すれば，子どもたちの頭に残る。そして，テストでも正しい答えを書くことができる。

# テストの指さしチェック

**POINT**

テストにどの子も間違えてしまいそうな問題が出ていることがあります。そんな時は，正解を書いているかどうか？チェックして回りましょう。間違えている子には，そっと指さして教えます。

## すすめ方

① 教師は，テストの前に問題をチェックしておく。そして，多くの子が間違ってしまいそうな問題を把握しておく。

② 多くの子がその問題に答え終わった時間に，教師は子どもたちのテストを見て回る。

③ 教師は，その問題だけをチェックして回る。そして，間違えている子がいれば，その問題を指さして，「もう一度，考えてごらん」と言う。

④ 子どもたちは，もう一度考え直す。間違いに気づき，正解する子も出る。

⑤ 正解を教えるのは，まずい。もう一度考え直すように促すだけにするのがいい。

# テストのクラス平均
# 「目標」90点,「夢」95点

POINT

目標があれば,子どもたちはがんばるものです。テストの
クラス平均にも 90 点,95 点と目標をつくりましょう。

## すすめ方

① 教師は「テストのクラス平均の目標は 90 点です。90 点取
れるように,クラスみんなでがんばりましょう！」と言う。

② 子どもたちは,目標の 90 点を取れるように,がんばって
授業に取り組む。

③ 授業中,がんばらない子がいれば,教師は「サボるとクラ
ス平均 90 点取れない。絶対にサボらない」と注意すること
もできる。

④ テストを返す時,クラスの平均点
を発表する。目標の 90 点を超えて
いれば,みんなで拍手する。お祝い
に楽しいゲームをするのもオススメ。

⑤ さらに上の目標,「夢の 95 点」
を設定するといい。子どもたちは
「夢」を目指して,さらにがんばる。

# クラスの平均点を予想する

POINT

テストのクラス平均を予想するゲームです。ちょっとしたことですが，盛り上がります。

 **すすめ方**

① テストを返す前，教師は「テストのクラス平均を予想してください。隣の人に予想を言ったら，立ちます」と言う。

② 教師は黒板に□□. □と書く。一番左の□を指さしながら，「ここに9が入れば，『目標』クリア。9だと思う人？」と言う。「9」を予想した子は，手を挙げる。

③ 教師は「正解は……9！　見事に『目標』クリア！」と言う。そして，みんなで拍手する。手を挙げていない「8」を予想した子は，残念。座る。

④ 教師は真ん中の□を指さしながら，「ここが5以上なら，『夢』達成だよね。5以上だと思う人？」と挙手させる。

⑤ 「正解は，……6！『夢』達成だ！　君たちすごすぎ！」と，教師は正解を発表し，褒める。子どもたちは大喜びで拍手をする。さらに「96．4」などと平均点を発表し，予想がぴったり当たった子にも拍手を贈る。

# テストはその日に返す

✎ POINT ─────────────────────

　子どもたちは，テストを早く返してもらいたいもの。その日の内に，テストは返してしまいましょう。子どもたちの信頼が上がります。また，教師は，仕事が早く済んで楽できます。

 **すすめ方**

① 　テストは1時間目にする。その後に，意味調べ，新聞づくりなど作業的な学習を入れる。テストと採点する時間は，セットで考える。

② 　子どもたちがテストをしている間に，教師は答えを覚える。答えを覚えておけば，時間をかけずに採点できる。

③ 　「〇時〇分まではテスト」と黒板に書いておく。決められた時間まで，子どもたちは，しっかり見直しをする。

④ 　時間になったら，子どもたちはテストを出しても良い。教師は出した子から，次々と採点していく。

⑤ 　テストを出した子には，「読書」など何をするのか明示しておく。教師は邪魔されずに，採点に集中できる。その時間の内に，採点が終わってしまうことも多い。

# テストの平均点は，学級通信で宣伝する

POINT

　テストのクラス平均は，学級通信で紹介しましょう。良い点を取っていることに保護者は安心し，教師への信頼は高まります。

---

 **すすめ方**

① 　テストの平均点を学級通信で紹介する。

② 　見出しは「やりました！『夢』の95点達成！」「〇〇テストのクラス平均は，……驚異の98.2点です！」など。

③ 　内容は，あくまで子どもたちを褒める。「〇年〇組の子どもたちは，授業に全力で取り組みます」「しっかり見直して，ミス退治に成功しました！」「〇〇さんは，テスト勉強を〇ページもがんばってきました」など。

④ 　子どもたちを褒めるのは，表向き。裏の目的は，高いクラス平均を取れる良い授業をしているという教師の宣伝。

⑤ 　全部のテストですると，押しつけがましい。そこで，私は算数のテストのクラス平均だけを紹介している。人間，奥ゆかしさが大切。

著者紹介
●中村健一

1970 年山口県生まれ。現在，山口県岩国市立御庄小学校勤務。お笑い教師同盟などに所属。日本一のお笑い教師として全国的に活躍。

主な著書に，『クラスを「つなげる」ミニゲーム集 BEST55 ＋α＆おまけの小ネタ集』『新装版　ゲームはやっぱり定番が面白い！　ジャンケンもう一工夫 BEST55 ＋α』『子どもも先生も思いっきり笑える 73 のネタ＋おまけの小ネタ 7 大放出！』『健一中村の絶対すべらない授業のネタ 78』『新装版　子どもが大喜びで先生もうれしい！　学校のはじめとおわりのネタ 108』『子どもも先生も感動！　健一＆久仁裕の目からうろこの俳句の授業』『新装版　教室で家庭でめっちゃ楽しく学べる国語のネタ 63』『新装版　めっちゃ楽しく学べる算数のネタ 73』『新装版　つまらない普通の授業に子どもを無理矢理乗せてしまう方法』『新装版　ホメる！　教師の 1 日』『With コロナ時代のクラスを「つなげる」ネタ 73』『新装版　担任必携！　学級づくり作戦ノート』『表現力がぐんぐん伸びる中村健一のお笑い国語クイズ 41』『新装版　笑う！　教師の 1 日』『新装版　子どもも先生も思いっきり笑える爆笑授業の作り方 72』(以上，黎明書房)，『中村健一　エピソードで語る教師力の極意』『策略　ブラック学級づくり―子どもの心を奪う！　クラス担任術―』(以上，明治図書出版) がある。その他，著書多数。

出演 DVD に「見て，すぐわかる授業導入のアイディア集―お笑い系導入パターン―」(ジャパンライム)，「明日の教室 DVD シリーズ 36　学級づくりは 4 月が全て！―最初の 1 カ月死ぬ気でがんばれば，後の 11 カ月は楽できる―」(有限会社カヤ) がある。

＊イラスト：山口まく

授業上手に思わせる！　コツ＆ネタ厳選 79

| | | |
|---|---|---|
| 2024 年 1 月 20 日　初版発行 | 著　者 | 中　村　健　一 |
| | 発行者 | 武　馬　久仁裕 |
| | 印　刷 | 株式会社太洋社 |
| | 製　本 | 株式会社太洋社 |

発　行　所　　株式会社　黎　明　書　房

〒 460-0002　名古屋市中区丸の内 3-6-27　EBS ビル
☎ 052-962-3045　FAX 052-951-9065　振替・00880-1-59001
〒 101-0047　東京連絡所・千代田区内神田 1-12-12 美土代ビル 6 階
☎ 03-3268-3470